BEI GRIN MACHT SICH IHR WISSEN BEZAHLT

AF152800

- Wir veröffentlichen Ihre Hausarbeit,
  Bachelor- und Masterarbeit

- Ihr eigenes eBook und Buch -
  weltweit in allen wichtigen Shops

- Verdienen Sie an jedem Verkauf

Jetzt bei www.GRIN.com hochladen und kostenlos publizieren

GRIN

Stephan Happel

Der Verlauf des Ersten Punischen Krieges

Vom Kampf um Messana bis zum Lutatius-Vertrag

GRIN Verlag

Bibliografische Information der Deutschen Nationalbibliothek:

Die Deutsche Bibliothek verzeichnet diese Publikation in der Deutschen National-
bibliografie; detaillierte bibliografische Daten sind im Internet über http://dnb.d-
nb.de/ abrufbar.

Impressum:

Copyright © 2007 GRIN Verlag GmbH
Druck und Bindung: Books on Demand GmbH, Norderstedt Germany
ISBN: 978-3-638-87990-3

Dieses Buch bei GRIN:

http://www.grin.com/de/e-book/80873/der-verlauf-des-ersten-punischen-krieges

GRIN - Your knowledge has value

Der GRIN Verlag publiziert seit 1998 wissenschaftliche Arbeiten von Studenten, Hochschullehrern und anderen Akademikern als eBook und gedrucktes Buch. Die Verlagswebsite www.grin.com ist die ideale Plattform zur Veröffentlichung von Hausarbeiten, Abschlussarbeiten, wissenschaftlichen Aufsätzen, Dissertationen und Fachbüchern.

Besuchen Sie uns im Internet:

http://www.grin.com/

http://www.facebook.com/grincom

http://www.twitter.com/grin_com

Ruhr-Universität Bochum
Historisches Institut
SoSe 2007

16.12.2007

Der Verlauf des Ersten Punischen Krieges

Vom Kampf um Messana bis zum Lutatius –
Vertrag

Inhaltsverzeichnis

I Einleitung

Nachdem die Römer erst wenige Jahre zuvor im Pyrrhoskrieg zum ersten Mal einer außeritalischen Macht gegenübergestanden hatten,[1] mussten sie sich in den Jahren 264 bis 241 v. Chr. im Kampf gegen die phönizischen Großmacht Karthago behaupten. Während der Pyrrhoskrieg noch in vergleichsweise kleineren Ausmaßen verlief und auf dem italienischen Festland ausgetragen wurde, entwickelte sich der Erste Punische Krieg zu einer wesentlich größeren Auseinandersetzung. Zum ersten Mal musste Rom das eigene Gebiet verlassen, das Meer befahren und sogar in Korsika, Sardinien und an der afrikanischen Küste kämpfen. Im Zuge des Krieges musste Rom immer wieder Rückschläge in Kauf nehmen und war gezwungen, seine Grenzen zu erfahren und über sie hinauszuwachsen. Erfolg oder Misserfolg in diesem Krieg sollten über die langfristige Zukunft der römischen Republik und über das Kräfteverhältnis am Mittelmeer entscheiden.

Die nachfolgende Arbeit ist eine verkürzte Darstellung des Kriegsverlaufes, die einerseits einen chronologischen Faden aufweist, andererseits aber auch die zentralen Momente des Krieges beleuchtet und näher ausführt.

---

[1] Vgl. Günther, Linda-Marie: Art. Pyrrhos, in: Der Neue Pauly: Enzyklopädie der Antike 10 (2001), Sp. 645 - 648.

II   Kriegsbeginn und der Kampf auf Sizilien

Der Erste Punische Krieg beendete zwei Jahrhunderte des friedlichen Nebeneinanders der aufstrebenden römischen Republik und der phönizischen Handelsmacht Karthago.[2] Dabei war die Koexistenz beider Staaten eigentlich durch die so genannten Karthager-Verträge gesichert, welche ihre Handels- und Piraterieräume klar voneinander trennten.[3] Der Krieg entzündete sich aber schließlich am Konflikt um die auf Sizilien gelegene Stadt Messana. Diese von den Mamertinern bewohnte Stadt wurde 269 v. Chr. durch Hieron II.[4] von Syrakus belagert, worauf die Karthager den Mamertinern zur Hilfe eilten, die Stadt aber dann ihrerseits in Besitz nahmen.[5] Nach der Zusicherung römischer Hilfe und vermutlich auch mit Unterstützung römischer Truppen vertrieben die Marmertiner 264 v. Chr. die karthagischen Soldaten aus Messana.[6] Als Reaktion auf das römische Eingreifen schlossen sich die ehemaligen Gegenspieler Syrakus und Karthago zu einer antirömischen Allianz zusammen. Bei beiden Staaten war vermutlich die Angst vor Rom als dritter Macht auf Sizilien ausschlaggebend für das Bündnis.[7] Karthago begann darauf, gemeinsam mit Truppen aus Syrakus, Messana zu belagern, worauf der römische Senat 264 v. Chr. zwei Legionen auf Schiffen von Italien nach Sizilien entsandte.[8]

Zunächst gelang es dem karthagischen Heer noch die Landung des römischen Konsuls Appius Claudius Caudex[9] von Rhegion nach Sizilien zu verhindern.[10]

---

[2] Vgl. Heftner, Herbert: Der Aufstieg Roms. Vom Pyrrhoskrieg bis zum Fall von Karthago, Regensburg 1997, S. 120. (Im Folgenden zitiert als: Heftner: Der Aufstieg Roms).

[3] Vgl. Welwei, Karl-Wilhelm: Piraterie und Sklavenhandel in der frühen römischen Republik, in: Ders., *Res Publica* und *Imperium*. Kleine Schriften zur römischen Geschichte, hrsg. von Meier, Mischa und Strothmann, Meret, Stuttgart 2004, S. 65 -73.

[4] Hieron II. wurde 300 v. Chr. in Syrakus geboren, errichtete 275 v. Chr. gegen die Karthager eine Militärmonarchie und wurde erst deren Stratege und schließlich nach einem Sieg über die Marmertiner 269 v. Chr. deren König. Traditionell war er mit den Karthagern verfeindet. Nachdem er im Ersten Punischen Krieg auf die römische Seite gewechselt war, blieb er der Republik Zeit seines Lebens treu und unterstützte sie sowohl im Ersten als auch im Zweiten Punischen Krieg. Unter Hieron II. erlebte Syrakus eine letzte Hochzeit. (Vgl. Meister, Klaus: Art. Hieron II. Tyrann von Syrakus, in: Der Neue Pauly: Enzyklopädie der Antike 5 (1998), Sp. 544 – 545).

[5] Vgl. Zimmermann, Klaus: Rom und Karthago, Darmstadt 2005, S. 20 (Im Folgenden zitiert als: Zimmermann: Rom und Karthago).

[6] Vgl. Heftner: Der Aufstieg Roms, S. 114.

[7] Vgl. Welwei, Karl-Wilhelm: Hieron von Syrakus und der Ausbruch des ersten Punischen Krieges, in: Ders., *Res Publica* und *Imperium*. Kleine Schriften zur römischen Geschichte, hrsg. von Meier, Mischa und Strothmann, Meret, Stuttgart 2004, S.99-113, S.105-106.

[8] Vgl. Heftner: Der Aufstieg Roms, S. 116.

[9] Appius Claudius Caudex war der Konsul des Jahres 264 v. Chr. und damit auch einer der militärischen Oberbefehlshaber. Auch auf Grund seiner anstachelnden Reden beschloss der Senat das Eingreifen in den Konflikt um Messana (Vgl. Heftner: Der Aufstieg Roms, S.115).

Aufgrund mangelnder Koordination zwischen den Bündnern gelang dem Konsul die Landung aber schon im zweiten Anlauf.[11] Auf Sizilien konnte der Konsul die Truppen aus Syrakus zurückdrängen und auch gegen die Karthager agierte er erfolgreich, auch wenn die Belagerung erst 263 v. Chr. aufgehoben werden konnte.[12] Schon das erste Kriegsjahr brachte also den Erfolg der Römer auf Land. Karthago hingegen schien für eine größeren militärischen Konflikt noch nicht gerüstet zu sein.[13]

Im folgenden Jahr setzten die Römer mit insgesamt vier Legionen und beiden Konsuln nach Sizilien über, um das feindliche Bündnis zu zerschlagen.[14] Die Stärke der Armee macht deutlich, dass der zunächst kleinere Konflikt sich zu einem größeren Krieg entwickelte. Nach der Befreiung von Messana richteten sich die römischen Angriffe zunächst gegen Syrakus, den schwächeren der beiden Bündnispartner. Auf Grund der weiterhin schlechten Koordination zwischen den Verbündeten gelangen Rom in der Anfangsphase des Krieges wichtige militärische Erfolge und die Einnahme mehrerer Städte im Osten Siziliens.[15] Als schließlich die Hauptstadt Syrakus selbst durch römische Truppen bedroht wurde, sah sich Hieron II. zum Frieden mit Rom gezwungen. Er verpflichtete sich zur Treue und überließ zudem den Römern die bereits eroberten Städte, wodurch sie einen großen Teil des östlichen Siziliens unter ihre Kontrolle bringen konnten.[16]

Nach diesem Erfolg und mit Unterstützung aus Syrakus wandte sich Rom dem Westen Siziliens und damit direkt der karthagischen Epikratie zu.[17] Spätestens jetzt weitete sich der Konflikt um die Stadt Messana zu einem Krieg um ganz Sizilien aus.[18]

Noch im gleichen Jahr zeigte Rom seine Dominanz auf dem Land und konnte mehrere Erfolge erzielen. Unter anderem trat die sehr weit im karthagischen Herrschaftsbereich gelegen Stadt Segesta kampflos zu Rom über.[19]

---

[10] Vgl. Huss, Werner: Die Karthager, München 1990, S.159. (Im Folgenden zitiert als: Huss: Die Karthager).
[11] Vgl. Huss: Die Karthager, S. 159.
[12] Vgl. Zimmermann: Rom und Karthago, S. 102.
[13] Vgl. Huss: Die Karthager, S. 160.
[14] Vgl. Heftner: Der Aufstieg Roms, S. 117.
[15] Vgl. Zimmermann: Rom und Karthago, S. 102.
[16] Vgl. Heftner: Der Aufstieg Roms, S. 117.
[17] Vgl. Huss: Die Karthager, S. 161.
[18] Vgl. Heftner: Der Aufstieg Roms, S. 118
[19] Vgl. Zimmermann: Rom und Karthago, S. 102.

Einen besonderen Erfolg konnten die Römer auch 261 v. Chr. bei Akragas, dem karthagischen Hauptstützpunkt, verbuchen. Nach einer siebenmonatigen Belagerung mussten die Karthager schließlich aus der Stadt fliehen.[20] Rom verkaufte alle verbliebenen Einwohner in die Sklaverei, als abschreckendes Beispiel für andere karthagofreundliche Städte.[21]

Schon bald zeigte sich jedoch, dass die römischen Erfolge weder kriegsentscheidend noch von langer Dauer waren. Durch die karthagische Flotte bedroht fielen viele der Küstenstädte wieder von Rom ab und schlossen sich den Karthagern an.[22] Auch unternahm die karthagische Marine Fahrten zur Küste Italiens, plünderte dort ganze Siedlungen und zwang die Römer, Schutztruppen an der Küste zu postieren.[23] Zudem konnten die wichtigen karthagischen Seefesten Drepana und Lilybaion auf dem Landweg nicht eingenommen werden, da sie hauptsächlich über das Meer mit Nachschub versorgt wurden.[24]

Um eine Entscheidung auf Sizilien zu erreichen, war für die Römer eine Flotte von absoluter Notwendigkeit.

---

[20] Vgl. Heftner: der Aufstieg Roms, S. 118 – 120.
[21] Vgl. Huss: Die Karthager, S. 162.
[22] Vgl. Heftner: Der Aufstieg Roms, S. 120.
[23] Vgl. Heftner: Der Aufstieg Roms, S. 120.
[24] Vgl. Zimmermann: Rom und Karthago, S. 103.

III Flottenbau der Römer und der Kampf um die Seeherrschaft

Zwar verfügten Rom und seine Bundesgenossen schon vor dem Ersten Punischen Krieg über eine kleinere Flotte,[25] für einen Seekrieg mit einer Seemacht wie Karthago war Rom aber keinesfalls gerüstet. Aus diesem Grund wurde 261 v. Chr. in einer erstaunlichen Geschwindigkeit eine Flotte von rund 200 Großkampfschiffen, den *Penteren* (Fünfruderer), ausgehoben.[26] Von ihrer Form und Technik orientierten sich die römischen Schiffe an den karthagischen Modellen, allerdings waren sie schwerer und damit auch schwerfälliger als diese.[27] Nach Polybios diente sogar ein angeschwemmtes karthagisches Kriegsschiff als Vorlage.[28] Wahrscheinlicher ist jedoch, dass die Römer Unterstützung von außeritalienischen Schiffsbauern in Anspruch nahmen.[29]

Obwohl die Römer nun über eine große Flotte verfügten, waren sie den Karthagern noch keineswegs ebenbürtig. Der Kampf auf See wurde mit Hilfe einer Rammtechnik entschieden.[30] Dazu war an dem Bug eines jeden Kriegsschiffes ein Rammsporn befestigt, mit dem man versuchte, ein Loch in die Bordwand des feindlichen Schiffes zu reißen.[31] Um aber mit einem Schiff überhaupt eine feindliche *Pentere* rammen zu können, war ein hohes Maß an Geschick notwendig. Es kam auf die Fähigkeiten der Ruderer, das taktische Geschick des Kommandanten und auch auf die Bauart des Schiffes an.[32] In all diesen Punkten unterschieden sich die Kontrahenten grundlegend. Karthago war seit Jahrhunderten eine der großen Seemächte des Mittelmeerraumes[33] und verfügte über technisch bessere Schiffe, ausgereiftere Taktiken und erfahrenere Seeleute.

---

[25] Vgl. Schulz, Raimund: Roms Griff nach dem Meer, in: Hantos, Theodora, Lehmann, G.A. (Hgg.), Althistorisches Kolloquium zum Anlass des 70. Geburtstages von Jochen Bleicken. 29. – 30. November in Göttingen, Stuttgart 1998, 121 -134, S. 122. (Im Folgenden zitiert als: Schulz: Roms Griff nach dem Meer).

[26] Vgl. Heftner: Der Aufstieg Roms, S. 123.

[27] Vgl. Scullard, H. H.: Carthage and Rome, in: Walbank, F.W. u. a. (Hg.), The Cambridge Ancient History VII, Part 2, The Rise of Rome to 220 BC, Cambridge² 1990, S. 486 – 572, S.549. (Im Folgenden zitiert als: Scullard: Carthage and Rome).

[28] Vgl. Zimmermann: Rom und Karthago, S. 104 – 105.

[29] Vgl. Heftner: Der Aufstieg Roms, S. 123.

[30] Vgl. Viereck, H.D.L.: Die römisch Flotte. *Classis Romana*, Herford 1975, S. 161 – 163. (Im Folgen zitiert als: Viereck: Die römische Flotte).

[31] Vgl. Viereck: Die römische Flotte, S .23.

[32] Vgl. Viereck: Die römische Flotte, S. 161 – 163.

[33] Vgl. Heftner: Der Aufstieg Roms, S. 105 – 108.

Die klassische Landmacht Rom streckte hingegen die Fühler zum ersten Mal über die Küstengewässer hinaus aus und musste ihre Mannschaften sogar noch am Strand üben lassen, um sie einigermaßen seetauglich zu machen.[34]

Das Fehlen von seemännischer Erfahrung bei den Römern zeigte sich bereits beim ersten Aufeinandertreffen der verfeindeten Flotten. Im Jahr 260 v. Chr. traf der römische Konsul Cornelius Scipio Asina[35] vor der Stadt Lipara mit 17 *Penteren* auf eine karthagische Flotte von 20 Schiffen. Angesichts des Feindes flohen die Römer und mussten sich schließlich den Karthagern ergeben, auch der Konsul selbst geriet in Gefangenschaft.[36]

Um ihren Mangel an Erfahrung und taktischem Geschick ausgleichen zu können, entwickelten die Römer ein neues strategisches Element für den Seekrieg, den *corvus*. Traditionell wird der *corvus* als eine etwa 10 bis 12 Meter lange Enterbrücke beschrieben, die an einem Pfahl am Bug des Schiffes in die Höhe geklappt wurde. Am Ende war die Brücke mit einem Eisensporn versehen und konnte bei Bedarf heruntergelassen werden. Der Eisensporn bohrte sich daraufhin in ein feindliches Schiff und schuf so eine stabile Verbindung zu diesem.[37] Dadurch war das karthagische Schiff seiner Beweglichkeit beraubt und konnte seine überlegene Taktik und Beweglichkeit nicht anwenden. Weiterhin ermöglichte die Enterbrücke es den Römern, in zwei Reihen gleichzeitig auf das Schiff zu stürmen und der feindlichen Seemannschaft im Nahkampf zu begegnen.[38] So konnten die römischen Soldaten ihre Stärke im Landkrieg auch auf See ausspielen. Schon beim nächsten Zusammentreffen der Flotten im selben Jahr zeigte sich der Erfolg der neuen Taktik. In der Schlacht vor Mylai verloren die Karthager 50 ihrer 130 ausgelaufenen Schiffe[39] gegen die römische Marine unter der Führung des Konsuls Gaius Duilius[40], der ebenfalls mit 130 Schiffen ausgerückt war.[41] Auch wenn davon auszugehen ist,

---

[34] Scullard: Carthage and Rome, S. 549.

[35] Cornelius Scipio Asina war römischer Konsul im Jahr 260 v. Chr. und Oberbefehlshaber der ersten größeren römischen Flotte. Nach der Niederlage vor Lipara wurde er gefangen genommen, aber von den Karthagern schließlich freigelassen. Trotz seines Misserfolges wurde er 254 v. Chr. zum zweiten Mal Konsul und war im Ersten Punischen Krieg noch einige Male zu Land siegreich. (Vgl. Elvers, Karl-Ludwig: Art. Cornelius Scipio Asina, in: Der Neue Pauly: Enzyklopädie der Antike 3 (1997), Sp. 183).

[36] Vgl. Zimmermann: Rom und Karthago, S. 105.

[37] Vgl. Viereck: Die römische Flotte, S. 96 – 97.

[38] Vgl. Zimmermann: Rom und Karthago, S. 105.

[39] Vgl. Huss: Die Karthager, S. 163 – 164.

[40] Gaius Duilius war neben Scipio Asina, dem Verlierer von Lipara, der zweite Konsul des Jahres 260 v. Chr.. Als erster römischer Heerführer konnte er einen großen Seesieg (*triumphus navalis*) erringen und erhielt als besondere Ehrung die Siegessäule *columna rostrata*. Trotz seiner Erfolge bekleidete er keine weiteren Ämter außer einer Diktatur zur Abhaltung von Wahlen im Jahr 231 v. Chr.. (Vgl. Elvers, Karl-Ludwig: Art. Duilius, C. Consul 260 v. Chr., in: Der Neue Pauly: Enzyklopädie der Antike 3 (1997), Sp. 834).

[41] Vgl. Zimmermann: Rom und Karthago, S. 106.

dass die Wichtigkeit der *corvi* teilweise eine „annalistische Übertreibung"[42] ist, wird die neue Taktik des Enterkrieges doch für große Verwirrung und Ratlosigkeit unter den Karthagern gesorgt haben. Zudem konnten die Römer durch das Entern mehr Beute machen und teilweise die Schiffe selbst behalten, was sonst durch das Sinken dieser unmöglich gewesen wäre.

Obwohl der Sieg bei Mylai von nicht allzu großer militärischer Bedeutung war und sich die karthagischen Verluste in Grenzen hielten, wirkte er doch beflügelnd auf das Selbstbewusstsein der Römer.[43] Zum ersten Mal in ihrer Geschichte hatten die Römer einen Seesieg errungen und das gegen einen Macht, die über lange maritime Tradition verfügte. Der enorme Stolz der Römer über ihren *triumphus navalis* lässt sich auch an dem besonderen Ehrendenkmal, der *columna rostrata*[44] erkennen, das für den siegreichen Kommandanten Duilius errichtet wurde.[45]

---

[42] Schulz: Roms Griff nach dem Meer, S. 122.
[43] Vgl. Huss: Die Karthager, S. 164.
[44] Die *columna rostrata* war eine hohe Triumphsäule die rundherum mit karthagischen Schiffschnäbeln verziert war und deren Inschrift unter anderem die römische Beute aufzählte. (Vgl. Scullard: Carthage and Rome, S. 552).
[45] Vgl. Heftner: Der Aufstieg Roms, S. 125.

9

IV   Aufbau einer zweiten Front und die römische Invasion in Afrika

Durch den Erfolg angespornt entschloss sich Rom, in den folgenden beiden Jahren mit Truppen zunächst nach Korsika und schließlich nach Sardinien überzusetzen, um eine zweite Front zu errichten.[46] Ziel dieser zweiten Front war es, die karthagischen Truppen an einen anderen Kriegsschauplatz zu binden und sie so von Sizilien fernzuhalten. Darüber hinaus war Sardinien als „Rekrutierungsgebiet und Getreidelieferant von großer Bedeutung."[47]

Durch die Überquerung des Meeres auf ein weiteres Gebiet hatte der Konflikt erneut eine höhere Ebene erreicht. „Der Kampf ging nun nicht mehr allein um die Herrschaft in Sizilien, sondern um die Vorherrschaft im Bereich des westlichen Mittelmeeres."[48]

Trotz der zweiten Front auf Sardinien und Korsika gelang es Rom nicht, das Kriegsglück auf Sizilien zu seinen Gunsten zu wenden. Im Gegenteil, nun zeigte sogar Karthago Dominanz auf dem Land und besiegte Rom in mehreren Schlachten.[49] Als die Römer 258 v. Chr. auch auf Sardinien geschlagen wurden, musste sie sich das Scheitern der Unternehmung eingestehen.[50]

Dennoch wichen die Römer nicht von ihrem Plan ab, den Kampf auf einen zweiten Schauplatz zu verlagern und von Sizilien wegzutragen. Nach umfangreichen Flottenaufrüstungen im Jahr 257 v. Chr. plante Rom für 256 v. Chr. die Landung in Afrika. Bei diesem Unternehmen handelte es sich um eines der größten amphibischen Landungsvorhaben der Antike. 200 bis 250 Kriegsschiffe und damit rund 80.000 – 85.000 Seesoldaten und zahlreiche Transportschiffe für vier römische Legionen sollten das Mittelmeer nach Afrika überqueren.[51]

Als die Karthager von dem römischen Plan erfuhren, entschlossen sie sich, der Landung entgegenzuwirken und rüsteten ihre Flotte, um den Römern noch in den sizilianischen Gewässern zu begegnen. In der Seeschlacht vor Eknomos standen sich auf beiden Seiten je 250 Kriegsschiffe gegenüber.[52]

---

[46] Vgl. Heftner: Der Aufstieg Roms, S. 126.
[47] Zimmermann: Rom und Karthago, S. 106.
[48] Huss: Die Karthager, S. 164 – 165.
[49] Vgl. Heftner: Der Aufstieg Roms, S. 126 – 127.
[50] Vgl. Zimmermann: Rom und Karthago, S.106 - 107.
[51] Vgl. Heftner: Der Aufstieg Roms, S. 129.
[52] Vgl. Heftner: Der Aufstieg Roms, S. 130.

Trotz der überlegenen karthagischen Taktik, durch die es sogar gelang, die römische Flotte zu teilen, unterlag die afrikanische Macht schlussendlich. Erneut ermöglichten die *corvi* den Einsatz der karthagischen Rammsporn nur in begrenztem Umfang, da man Gefahr lief, von den römischen Schiffen geentert zu werden.[53]

Auf Grund dieser Niederlage und vermutlich aus Angst vor dem römischen Angriff oder schlicht um Zeit zu gewinnen, signalisierten die Karthager erstmals, dass sie zu einer friedlichen Lösung des Konfliktes bereit waren. Durch ihren erneuten Erfolg siegessicher, lehnten die Römer jedoch jeglichen Kompromiss ab.[54]

Nach dem Sieg bei Eknomos konnten die Römer problemlos an der afrikanischen Küste landen, allerdings nicht, ohne zuvor Reparaturarbeiten an der Flotte vorzunehmen.[55]

Auch in Afrika setzte sich der römische Siegeszug zunächst fort. Nach der Landung in der Hafenstadt Aspis konnte diese zu einem gesicherten Stützpunkt ausgebaut werden.[56] Als schließlich der Winter nahte, entschloss sich der Senat, den größeren Teil des Heeres und die Flotte von Afrika abzuziehen. Lediglich der Konsul Marcus Atilius Regulus[57] sollte mit einem kleineren Heer in Afrika bleiben, um die erneute Landung im kommenden Jahr zu sichern.[58]

Vielleicht um sich selbst Ruhm zu sichern[59], beschränkte Regulus sich jedoch nicht auf eine passive Rolle, sondern unternahm weitere Angriffe gegen Karthago. Dabei konnte er zunächst einen Erfolg verbuchen und der karthagischen Armee nahe der Stadt Adys eine empfindliche Niederlage zufügen.[60] „Regulus hatte nun im offenen Land bis hin zu den Mauern Karthagos

---

[53] Vgl. Heftner: Der Aufstieg Roms, S. 130 – 133.
[54] Vgl. Zimmermann: Rom und Karthago, S. 29 – 30.
[55] Vgl. Zimmermann: Rom und Karthago, S. 108.
[56] Vgl. Huss: Die Karthager, S. 168.
[57] Marcus Atilius Regulus war der Konsul des Jahres 256 v. Chr.. Nachdem Regulus die Karthager zunächst in der Seeschlacht bei Eknomos und schließlich auch in Afrika (u. a. bei Adys) besiegte, geriet er nach der Niederlage bei Tunis in Gefangenschaft. Der Legende nach wurde er als Friedenshändler nach Rom zurückgesandt, sprach sich dort vor dem Senat allerdings für eine Weiterführung des Krieges aus und kehrte daraufhin freiwillig nach Karthago zurück, wo er getötet wurde. (Vgl. Elvers, Karl-Ludwig: Art. Atilius Regulus, M. Consul suff. 256 v. Chr., in: Der Neue Pauly: Enzyklopädie der Antike 2 (1997), Sp. 212).
[58] Vgl. Huss: Die Karthager, S. 168 -169.
[59] Vgl. Heftner: Der Aufstieg Roms, S. 134 -135.
[60] Vgl. Heftner: Der Aufstieg Roms, S. 135.

keinen Widerstand mehr zu befürchten."[61] Etwa zeitgleich erhoben sich die von Karthago kontrollierten Numider zu einem Aufstand, der Karthago zusätzliche Kräfte kostete.[62]

Zum zweiten Mal innerhalb eines Jahres versuchte Karthago in dieser ungünstigen Situation, eine friedliche Lösung anzustreben. Im Bewusstsein klar im Vorteil zu sein, stellten die Römer jedoch Bedingungen, die „sich kaum von einer bedingungslosen Kapitulation unterschieden"[63] und die Karthago daher nicht akzeptierte. Im Frühling 255 v. Chr. änderte sich die Kriegssituation dann grundlegend. Das karthagische Heer wurde durch zusätzliche Söldner-truppen aus Griechenland verstärkt und war dadurch schlagkräftig genug, um den Römern in einer Feldschlacht gegenüberzutreten. Dank des taktischen Geschicks des Spartaners Xanthippos, einem der Söldner, wurde das römische Heer in der Schlacht von Tunis vernichtend geschlagen.[64] Das Heer von fast 15.000 Mann wurde beinahe vollständig vernichtet, der Kommandant Regulus gefangen genommen und die wenigen verbleibenden Truppen flohen in die Hafenstadt Aspis zurück.[65]

Nach dieser Niederlage schickten die Römer ihre Flotte, um die Überlebenden abzuholen und sich aus Afrika zurückzuziehen. Bei der Abfahrt aus Aspis kam es zu einem Gefecht zwischen der karthagischen und römischen Flotte, aus dem die Römer jedoch als klare Sieger hervorgingen. Dank ihrer Entertechnik wuchs die Flotte der Römer auf 364 Schiffe an.[66]

Somit hätte die Afrikaexpedition doch noch zu einem einigermaßen erfolgreichen Abschluss kommen können. Bei der Überfahrt nach Afrika geriet die Flotte jedoch in einen Sturm, den lediglich 80 der 364 Schiffe überstanden und der über 10.000 Menschen das Leben kostete.[67]

Die Ursachen für die Katastrophe sind vielseitig. Zum einen waren die Schiffe vollkommen unterbesetzt.[68] Weiterhin verfügten die Kommandanten der Schiffe noch immer nicht über ausreichend Erfahrung für eine größere Seeüberfahrt und konnten scheinbar die Anzeichen für einen Sturm nicht richtig deuten.[69]

---

[61] Heftner: Der Aufstieg Roms, S. 136.
[62] Vgl. Huss: Die Karthager, S. 169.
[63] Zimmermann: Rom und Karthago, S. 109.
[64] Vgl. Huss: Die Karthager, S. 169.
[65] Vgl. Heftner: Der Aufstieg Roms, S. 139.
[66] Vgl. Heftner: Der Aufstieg Roms, S. 140.
[67] Vgl. Heftner: Der Aufstieg Roms, S. 140.
[68] Vgl. Heftner: Der Aufstieg Roms, S. 140.
[69] Vgl. Heftner: Der Aufstieg Roms, S. 140.

Schließlich trugen aber auch die *corvi* zum Untergang der Schiffe bei, weil sie die Schiffe buglastig machten, wodurch sie deutlich schwerer zu manövrieren waren.[70]

Trotz seiner Niederlage war das karthagische Reich nach dem Unglück paradoxerweise wieder im Besitz der Seeherrschaft und die Afrikaexpedition, „von der man eine rasche Beendigung des Krieges erhoffte hatte",[71] war zu einem der größten Misserfolge in der römischen Geschichte geworden. Das langfristig Entscheidende an dem Unternehmen war jedoch, das die Römer wie schon bei der Landung in Sardinien wenige Jahre zuvor, ihre Einstellung zum Meer grundlegend geändert hatten. Sie verstanden das Meer nun als „militärisch nutzbaren Raum".[72]

---

[70] Vgl. Viereck: Die römische Flotte, S. 97 – 99.
[71] Heftner: Der Aufstieg Roms, S. 141.
[72] Schulz: Roms Griff nach dem Meer, S. 122.

V   Unbeständiger Erfolg und die Pattsituation auf Sizilien

Nach dem Triumph bei Tunis und dem Untergang der römischen Flotten verstärkten die Karthager ihre Kriegsanstrengungen 255 v. Chr. und zerstörten unter anderem die Stadt Akragas.[73]

Die Römer erholten sich jedoch erstaunlich schnell von den Rückschlägen. Unter großen Anstrengungen und verbunden mit enormen Kosten, erschufen sie bereits bis 254 v. Chr. eine neue Flotte. Unter Anderem gelang der Flotte die Einnahme der wichtigen Stadt Panormos und weiterer Küstenstädte.[74] Nur ein gutes Jahr später geriet die Flotte jedoch nach einer weiteren erfolglosen Afrikamission abermals in einen Sturm. Vermutlich aus den gleichen Gründen wie 255 v. Chr. sanken 150 der rund 300 ausgelaufenen Schiffe.[75]

Auf Grund der enormen Verluste beschloss der römische Senat 253 v. Chr., das Flottenbau-programm stillzulegen und eine Entscheidung auf Land zu erzwingen.[76] Die folgenden Jahre zeigten jedoch, dass dies nicht möglich war und sich der Krieg in einen für beide Seiten kostenintensiven Stellungskampf verwandelt hatte.[77] Zwar konnte Rom trotz der deutlich geschrumpften Flotte einige Siege erringen, aber ein kriegsentscheidender Erfolg war nicht möglich.[78] Lediglich ein großer Sieg bei Parnormos, bei dem sie 20.000 Karthager, welche die Stadt belagerten, töteten, brachte den Römern neuen Siegeswillen.[79]

Durch den Sieg bei Parnormos gestärkt und um endlich die entscheidende Wende im Krieg herbeizuführen, entschloss sich der Senat 250 v. Chr., die wichtigsten karthagischen Festen Drepana und Lilybaion zu belagern. Ohne eine Blockade von See, welche die karthagischen Truppen auf dem Festland von Nachschub und Entsatztruppen trennte, hätten die Festen einer Belagerung jedoch endlos standgehalten.[80] Erneut musste also ein Flottenbau betrieben werden.

---

[73] Vgl. Huss: Die Karthager, S. 170.
[74] Vgl. Zimmermann: Rom und Karthago, S. 111.
[75] Vgl. Huss: Die Karthager, S. 171 – 172.
[76] Vgl. Zimmermann: Rom und Karthago, S. 111 – 112.
[77] Vgl. Zimmermann: Rom und Karthago, S. 112.
[78] Vgl. Heftner: Der Aufstieg Roms, S. 141 – 143.
[79] Vgl. Heftner: Der Aufstieg Roms, S. 144.
[80] Vgl. Zimmermann: Rom und Karthago, S. 112.

Als die römische Marine 249 v. Chr. versuchte, die karthagische Flotte im Hafen von Drepana zu stellen, kam es zu einer Katastrophe für Rom. Auf Grund der Unfähigkeit des Befehlshabers gerieten die römischen Schiffe im Hafenbecken in eine Falle und wurden spielend ausmanövriert.[81] Über 90 Schiffe der Römer gingen verloren und lediglich 30 konnten sich retten.[82]

Auch die die *corvi* konnten, sofern sie eingesetzt wurden,[83] die Römer nicht vor dem Untergang bewahren. Erstmals seit der Schlacht von Mylai im Jahr 264 v. Chr. hatten die Karthager die Römer auf See wieder in ihre Schranken gewiesen.

Nur wenig später sanken weitere 100 Kriegschiffe und 800 Transportschiffe in einem Sturm vor Karmina.[84] Die römischen Hoffnungen auf einen baldigen Sieg wurden damit erneut zerschlagen.

---

[81] Vgl. Heftner: Der Aufstieg Roms, S. 151 -153.
[82] Vgl. Zimmermann: Rom und Karthago, S. 112.
[83] Vgl. Heftner: Der Aufstieg Roms, S. 153.
[84] Vgl. Huss: Die Karthager, S. 175.

VI   Privatfinanzierter Flottenbau und der Sieg der Römer

In den sechs Jahren zwischen 255 und 249 v. Chr. hatte Rom über 600 Kriegsschiffe verloren. Bedenkt man die enormen Materialkosten für jede *Pentere* und den Verlust von knapp 400 Menschenleben pro Schiff[85], erhält man ein Bild von den Auswirkungen auf die wirtschaftliche Lage des Staates und die Moral seiner Bewohner. Der Krieg auf See wurde 249 v. Chr. daher erneut eingestellt und bis 243 v. Chr. nicht wieder aufgenommen.[86]

Abermals zeigte sich jedoch, dass ein reiner Landkrieg keine Entscheidung bringen würde. Aufgrund der gewaltigen Verluste beider Staaten mussten sie ihre Kriegsanstrengungen stark verringern, was zu einer Stagnation der Kriegshandlungen führte.[87] Ab 244 v. Chr. führte zwar der karthagische Heerführer Hamilkar Barkas[88] einen Kleinkrieg von der Stadt Eryx, nahe dem gleichnamigen Berg, gegen römischen Truppen und fügte ihnen empfindliche, aber keinesfalls entscheidenden Verluste zu.[89] Um endlich eine Entscheidung herbeizuführen, mussten die Römer unbedingt eine neue Kriegsflotte bauen. Der jahrelange Krieg sowie die enormen Verluste durch den Untergang der vorherigen Flotten hatten den römischen Staat in eine wirtschaftliche Krise gestürzt, die es unmöglich machte, den erneuten Flottenbau auf Kosten des Staates zu finanzieren.[90]

Risikobereite Privatleute aus der römischen Oberschicht finanzierten den Bau im Jahr 243 v. Chr. deshalb aus ihrem privaten Vermögen.[91] Zum ersten Mal in der Geschichte Roms trat die römische Nobilität damit direkt für seinen Staat ein und entlohnte das Vertrauen, welches das Volk in sie und ihre Führungsqualitäten gesteckt hatte.

---

[85] Vgl. Heftner: Der Aufstieg Roms, S. 167.
[86] Vgl. Zimmermann: Rom und Karthago, S.113.
[87] Vgl. Heftner: Der Aufstieg Roms, S.156 – 161.
[88] Hamilkar „der Blitz" Barkas war ein karthagischer Feldherr, der Urvater der Barkiden und Vater von Hasdrubal und Hannibal Barkas. Während des Ersten Punischen Krieges überfiel Hamilkar ab 247 v. Chr. immer wieder die italienische Küste und führte auf Sizilien einen Partisanenkrieg gegen die römischen Truppen. Nach der Niederlage bei den Ägatischen Inseln unterzeichnete Hannibal den Kapitulationsvertrag. Auch in den Söldnerkriegen nach dem Punischen Krieg bewies Hamilkar sein strategisches Geschick und schlug den Aufstand nieder. 238 v. Chr. wurde er zum Strategen für Libyen ernannt. Ein Jahr später ging er mit der gesamten Familie nach Spanien, das er für Karthago kontrollierte. (Vgl. Günther, Linda-Marie: Art. Hamilkar Barkas, Vater von Hannibal, in: Der Neue Pauly: Enzyklopädie der Antike 5 (1998), Sp. 104 – 105).
[89] Vgl. Huss: Die Karthager, S. 177.
[90] Vgl. Zimmermann: Rom und Karthago, S. 113.
[91] Vgl. Zimmermann: Rom und Karthago, S. 113.

Es darf allerdings nicht vergessen werden, dass die Nobilität durch die Militärsteuern ohnehin einen großen Teil der Kosten hätte tragen müssen und sich zudem noch Gewinne durch die Kriegsbeute versprach.[92]

Die römische Flotte war den Karthagern zum ersten Mal seit Kriegsausbruch ebenbürtig und auch die Seeleute und Kommandanten hatten in den vergangenen Jahren zahlreiche neue Erfahrungen sammeln können.[93] Auf die *corvi* wurde bei dem Bau dieser Flotte verzichtet, da die Nachteile der Waffe die Vorteile nun überwogen.[94]

Bereits 242 v. Chr. gelangen der neuen Flotte mit der Einnahme der Häfen von Lilybaion und Drepana entscheidende Erfolge. Die leichte Besetzung der Häfen war möglich, da sich die karthagische Flotte aus Kostengründen in afrikanischen Häfen befand.[95] Durch die Eroberung der Häfen und der zeitgleichen Belagerung beider Städte waren diese einerseits von der Außenwelt abgeschottet, andererseits erhielten nun aber auch die Truppen des Hamilkar Barkas keinen Nachschub mehr und waren somit auf lange Sicht nicht überlebens- und kampffähig.[96] Um den Krieg doch noch gewinnen zu können, musste die Seeblockade unbedingt von den Karthagern zerschlagen und das Landheer mit Nachschub versorgt werden. Zu diesem Zweck lief die karthagische Flotte 241 v. Chr. übereilt aus den afrikanischen Häfen aus und wurde schließlich von der römischen Flotte unter dem Konsul Gaius Lutatius Catulus[97] bei einer Inselgruppe im Westen Siziliens gestellt.[98]

In der Schlacht bei den Ägatischen Inseln wurde die karthagische Marine beinahe vollständig durch die römische Flotte vernichtet. Die Römer versenkten 120 Schiffe der Karthager, während sie selbst kaum Verluste hinnehmen mussten.[99]

---

[92] Vgl. Heftner: Der Aufstieg Roms, S. 162.
[93] Vgl. Heftner: Der Aufstieg Roms, S. 163.
[94] Vgl. Viereck: Die römische Flotte, S. 97 -99.
[95] Vgl. Heftner: Der Aufstieg Roms, S. 164.
[96] Vgl. Huss: Die Karthager, S. 178.
[97] Gaius Lutatius Catulus war 242 v. Chr. römischer Konsul. Obwohl er bei der Belagerung von Drepana verwundet wurde, befehligte er die römische Flotte in der Schlacht bei den Ägatischen Inseln. Als siegreicher Feldherr unterzeichnet er mit Hamilkar Barkas den Friedensvertrag, der nach ihm Lutatius - Vertrag (auch Catulus - Vertrag) genannt wird. Dieser wurde allerdings später in deutlich verschärfter Form erneuert. (Vgl. Nadig, Peter: Art. Lutatius Catulus, C. Consul 242 v. Chr., in: Der Neue Pauly: Enzyklopädie der Antike 7 (1999), Sp. 524).
[98] Vgl. Huss: Die Karthager, S. 178.
[99] Vgl. Heftner: Der Aufstieg Roms, S. 165.

Die Gründe für die deutliche Niederlage der Karthager waren zum einen die gut vorbereitete römische Armada[100], aber auch der schlechte Zustand der karthagischen Flotte, deren Schiffe unterbemannt und zudem noch mit schweren Versorgungsgütern beladen waren.[101]

Nach dem katastrophalen Ausgang der Seeschlacht entschloss sich Karthago, den Krieg zu beenden.[102] Allerdings ist nicht davon auszugehen, dass der Krieg Karthago an die Grenzen des Ruins getrieben hatte.[103] Vielmehr schienen sich die hohen Kosten des Krieges im Bezug auf das vergleichsweise unbedeutende Sizilien für die Karthager nicht mehr zu rechnen und auch das Volk war kriegsmüde.[104] Hamilkar Barkas unterzeichnete schließlich, als einziger ungeschlagener Feldherr, den Friedensvertrag („Lutatius - Vertrag" oder „Catulus - Vertrag").[105] Nachdem der Vertrag von den Römern als zu schwach bezeichnet wurde, akzeptierte Hamilkar sogar einen wesentlich verschärfteren zweiten Vertrag, der die Abgaben der Karthager erhöhte und die Zahlungsfrist verkürzte.[106] Neben den karthagischen Abgaben erhielt Rom ebenfalls die Kontrolle über die Insel Sizilien selbst und damit „eine beherrschende Stellung im zentralen Mittelmeer".[107]

---

[100] Vgl. Heftner: Der Aufstieg Roms, S. 162.
[101] Vgl. Heftner: Der Aufstieg Roms, S. 164.
[102] Vgl. Heftner: Der Aufstieg Roms, S. 165.
[103] Vgl. Zimmermann: Rom und Karthago, S. 114.
[104] Vgl. Huss: Die Karthager, S. 179.
[105] Vgl. Heftner: Der Aufstieg Roms, S. 166.
[106] Vgl. Heftner: Der Aufstieg Roms, S. 166.
[107] Heftner: Der Aufstieg Roms, S. 168.

VII   Schluss

Nach 23 Jahren eines verlustreichen Krieges konnte Rom am Ende doch noch triumphieren. Trotz aller Verluste und Rückschläge war der der Erste Punische Krieg zu einem großen römischen Triumph geworden.

Dies betrifft natürlich einerseits den Kriegsgrund, Sizilien selbst. Durch den Gewinn der Insel erhielt Rom einen wichtigen Stützpunkt für den Handel und für strategische Unternehmungen, der zu dem noch schützend vor Italien selbst lag.

Auf lange Sicht wichtiger scheinen jedoch die Erfahrungen, die Rom im Krieg machen musste. Durch die Niederlagen in Schlachten und den Verlust ganzer Flotten immer wieder in Krisen getrieben, gab Rom das Vorhaben nicht auf, sondern kämpfte unter Einsatz alle Kräfte weiter. Der siegreiche Ausgang wird eine enorm positive Auswirkungen auf die Moral des römischen Volkes gehabt haben und sie gelehrt haben, auch in zukünftigen Krisen nicht aufzugeben. Besonders ist auch der persönliche Einsatz der römischen Nobilität hervorzuheben, der das Vertrauen des Volkes in ihrer Führungsrolle rechtfertigte.

Am bedeutendsten scheint jedoch, dass Rom im Ersten Punische Krieg lernte, das Meer als einen nutzbaren Raum anzusehen und es für seine Ziele zu gebrauchen. Dies meint zum einen die militärische Kontrolle der See und der Küsten selbst. Zum anderen aber auch den Einsatz des Meeres als taktisches Element, um Kriege an Orten führen zu können, die auf dem Landweg selbst nicht direkt zu erreichen waren. Diese Kontrolle und Nutzung des Meeres sollte später ein wichtiger Grundstein des römischen Großreiches sein.

VIII Literaturverzeichnis

1. Elvers, Karl-Ludwig: Art. Atilius Regulus, M. Consul suff. 256 v. Chr., in: Der Neue Pauly: Enzyklopädie der Antike 2 (1997), Sp. 212.

2. Elvers, Karl-Ludwig: Art. Cornelius Scipio Asina, in: Der Neue Pauly: Enzyklopädie der Antike 3 (1997), Sp. 183.

3. Elvers, Karl-Ludwig: Art. Duilius, C. Consul 260 v. Chr., in: Der Neue Pauly: Enzyklopädie der Antike 3 (1997), Sp. 834.

4. Günther, Linda-Marie: Art. Hamilkar Barkas, Vater von Hannibal, in: Der Neue Pauly: Enzyklopädie der Antike 5 (1998), Sp. 104 – 105.

5. Günther, Linda-Marie: Art. Pyrrhos, in: Der Neue Pauly: Enzyklopädie der Antike 10 (2001), Sp. 104 – 105.

6. Heftner, Herbert: Der Aufstieg Roms. Vom Pyrrhoskrieg bis zum Fall von Karthago, Regensburg 1997.

7. Huss, Werner: Die Karthager, München 1990.

8. Meister, Klaus: Art. Hieron II. Tyrann von Syrakus, in: Der Neue Pauly: Enzyklopädie der Antike 5 (1998), Sp. 544 – 545.

9. Nadig, Peter: Art. Lutatius Catulus, C. Consul 242 v. Chr., in: Der Neue Pauly: Enzyklopädie der Antike 7 (1999), Sp. 524.

10. Schulz, Raimund: Roms Griff nach dem Meer, in: Hantos, Theodora, Lehmann, G. A. (Hgg.), Althistorisches Kolloquium aus Anlaß des 70. Geburtstages von Jochen Bleicken. 29. – 30. November in Göttingen, Stuttgart 1998, 121 -134.

11. Viereck, H.D.L.: Die römische Flotte. *Classis Romana*, Herford 1975.

12. Welwei, Karl-Wilhelm: Hieron II. von Syrakus und der Ausbruch des ersten Punischen Krieges, in: Ders., *Res Publica* und *Imperium*. Kleine Schriften zur römischen Geschichte, hrsg. von Meier, Mischa und Strothmann, Meret, Stuttgart 2004, S.99-113.

13. Welwei, Karl-Wilhelm: Piraterie und Sklavenhandel in der frühen römischen Republik, in: Ders., *Res Publica* und *Imperium*. Kleine Schriften zur römischen Geschichte, hrsg. von Meier, Mischa und Strothmann, Meret, Stuttgart 2004, S. 65 - 73.

14. Zimmermann, Klaus: Rom und Karthago, Darmstadt 2005.

15. Scullard, H. H.: Carthage and Rome, in: Walbank, F.W. u. a. (Hg.), The Cambridge Ancient History. Bd. VII, Part 2, The Rise of Rome to 220 BC, Cambridge² 1990, S. 486 – 572.